作文開頭、結尾、擬題很簡單

三支鉛筆讀寫研究中心　編著

商務印書館

作文開頭、結尾、擬題很簡單

編　　著：三支鉛筆讀寫研究中心

責任編輯：吳一帆

裝幀設計：Viann Chan

出　　版：商務印書館（香港）有限公司
　　　　　香港筲箕灣耀興道 3 號東滙廣場 8 樓
　　　　　http://www.commercialpress.com.hk

發　　行：香港聯合書刊物流有限公司
　　　　　香港新界荃灣德士古道 220–248 號荃灣工業中心 16 樓

印　　刷：美雅印刷製本有限公司
　　　　　九龍觀塘榮業街 6 號海濱工業大廈 4 樓 A 室

版　　次：2021 年 11 月第 1 版第 1 次印刷
　　　　　© 2021 商務印書館（香港）有限公司
　　　　　ISBN 978 962 07 0592 2
　　　　　Printed in Hong Kong

寫作，是一種思維訓練

　　我在童年和少年時代，寫作文就寫得很好。小學時，學校組織看電影，讓同學們寫觀後感，我寫的觀後感被語文老師推薦給全班閱讀並借鑑。我是陝西人，當年高考語文滿分 150 分，我考了 130 分，還覺得馬失前蹄，沒有發揮好。

　　然而我只能寫好寫人、敘事、抒情類作文，遇到寫景、寫物、想象類題目還是有畏難情緒。這麼多年，之所以能寫出不錯的作文，靠的是自己對生活的敏感和偶爾的靈光乍現，以及一點對應試技巧的熟練掌握。

　　學生時代的我，認為寫作是不可教的，是要有天賦，要靠悟性的。

　　喜歡文科的我，最終選擇了理科，在學醫的大學時代，和北大的研究生學習期間，得到了系統的理科思維訓練。畢業以後，機緣巧合之下，我和其他兩位以理科思維見長的朋友，組成了「三支鉛筆讀寫研究中心」這個小團隊，深入研究中小學生閱讀和寫作，幫助孩子解決閱讀和寫作難題。

前言

　　這套小書是我們歷時六年，教授了上萬名小學生後總結的經驗和成果。書中精彩示例的好些小作者，彼時還是小學二三年級。他們跟着我們系統學習，找到了寫作的竅門，經常得到老師的表揚，考試拿高分，在作文大賽獲獎。如今已升入不錯的中學。

　　翻開這套書，你會明白，寫作是可教的。寫作是一種思維訓練，就像先打地基再蓋房子一樣，需要一層層蓋出來；絕非空中樓閣，僅靠靈感，想到哪兒寫到哪兒。這些開頭、結尾、擬題和展開作文的方法，不是教你套路，而是幫你打開思路。正如文中引用的一些名家名篇，你看，大作家也是這麼寫文章的哦。

　　最後，還想說說寫作的意義。我們從小學習寫作文，不是一定要成為大作家、大文豪。對絕大多數人來說，擁有良好的寫作能力，是為了記錄生活，表達情感，增進交流，獲得更多的幸福感。

　　期望這套小書幫你打通理科思維與文科表達的界限，掌握寫作的基本方法，享受書寫文字的樂趣和成就感。

三支鉛筆讀寫研究中心　海棠老師

2021 年 8 月 16 日

目錄 CONTENTS

怎樣寫作文開頭

開門見山法

如何開頭之

大家對「開門見山」這個詞一定非常熟悉吧。說到寫作文開頭的方法，大家第一想到的就是這個。

開門見山：打開門就能看見山。比喻說話或寫文章直截了當談本題，不拐彎抹角。

下面列舉的幾段開頭，用到了「開門見山」的方法。

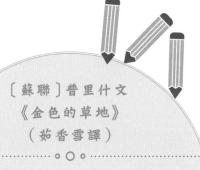

〔蘇聯〕普里什文
《金色的草地》
（茹香雪譯）

　　我們住在鄉下，窗前是一大片草地。草地上長滿了蒲公英。當蒲公英盛開的時候，這片草地就變成金色的了。

　　這段開頭直截了當，一下子就指出題目中金色的草地到底是怎麼回事。是因為蒲公英的盛開，草地變成了金色。

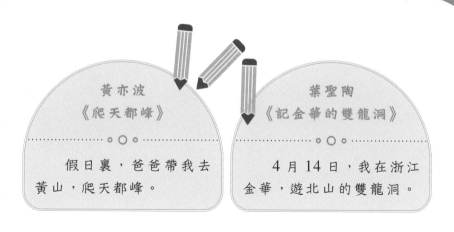

黃亦波
《爬天都峰》

假日裏，爸爸帶我去黃山，爬天都峰。

葉聖陶
《記金華的雙龍洞》

4月14日，我在浙江金華，遊北山的雙龍洞。

是不是乾脆利落，非常直接？串聯時間、地點、人物、事件這些寫記敘文的四要素，就能清楚明白地給作文開頭。

開門見山的開頭，一大特點就是與題目呼應。也就是說，出現了題目中的關鍵詞，有時候是完整的題目再現。

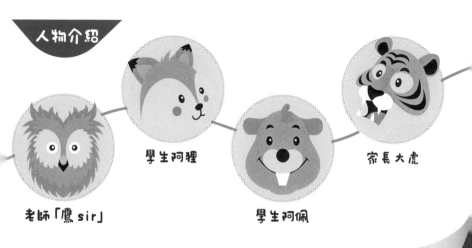

人物介紹

老師「鷹sir」

學生阿狸

學生阿佩

家長大虎

這種方式比較好寫，孩子們一下子就能上手。

用得最多的就是開門見山法。

用抒情法寫了半天，讓人看不懂，這種開門見山的辦法比較好。

「今天誰帶我幹甚麼了」，我家小朋友經常這麼開頭，別的不會。

「開門見山」是種簡單直接的開頭方法，但不是說，每篇文章都得用開門見山的寫法。

寫作目的和內容各式各樣，開頭的方法也有許多種。

運用「開門見山」，也不是套公式，不是只寫出「時間、地點、人物、事件」這四要素就行。介紹開門見山法，不是說讓大家最後寫出來的文章都一個樣。

我們繼續結合例子學習，避免出現寫作文開頭千篇一律的情況。

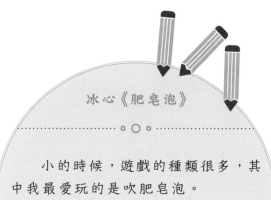

冰心《肥皂泡》

　　小的時候，遊戲的種類很多，其中我最愛玩的是吹肥皂泡。

　　這是大人寫自己孩童時代吹肥皂泡的事。如果是孩子寫自己吹肥皂泡，是不是只要刪除「小的時候」這幾個字就行了？後面的文字可以直接模仿。還可以寫細一點，例如，「今天是週六，我學着網上的方法自製工具，玩起了吹肥皂泡」。

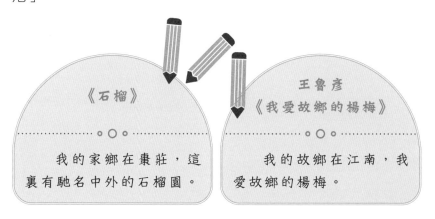

《石榴》

　　我的家鄉在棗莊，這裏有馳名中外的石榴園。

王魯彥
《我愛故鄉的楊梅》

　　我的故鄉在江南，我愛故鄉的楊梅。

　　如果老師要寫我家鄉的大紅棗，就可以仿寫上面這兩個開頭，寫成：「我的家鄉在黃河岸邊的一個小縣城，這裏有馳名中外的紅棗園」，或者「我的故鄉在陝西佳縣，我愛故鄉的大紅棗」。介紹家鄉的景物，這樣的開頭正好可以借鑑，當然可以補充一兩句描寫，更詳細一些。細緻描寫法，下一講會詳細講到。

　　《肥皂泡》是寫事的文章，《石榴》是寫物的文章，都可以用「開門見山」。寫景的文章能用開門見山的方法開頭嗎？當然可以。

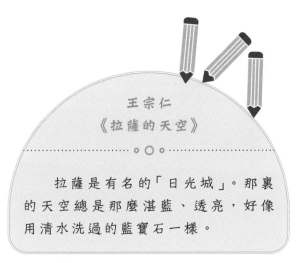

王宗仁
《拉薩的天空》

　　拉薩是有名的「日光城」。那裏的天空總是那麼湛藍、透亮，好像用清水洗過的藍寶石一樣。

　　這就是老師剛才說的，開門見山不只是特別直白地寫出「四要素」，開門見山也可以融入描寫。

《北大荒的秋天》

九月，從第一片樹葉落地開始，北大荒的秋天也就來了。

開門見山也可以這樣舒緩着展開，給人無窮的想像。

寫景用描寫法開頭比較好吧？全文的感覺比較協調。

您提的問題很好。寫景的文章是不是用描寫法開頭更好？我覺得，要看孩子的個人能力。方法無所謂好和壞，要看孩子會不會使用，能不能駕馭。如果孩子本身描寫的功力不足，用開門見山的方法可以更加快速地開頭，不阻礙寫作思路。

一課一得

開門見山法，經常可採用。
寫物表特點，寫事聯要素。
寫景直接到，寫人在眼前。
題目關鍵詞，開頭再出現。
簡單又直接，文章主題明。
別怕套路化，聯想宜豐富。

一課一練

任選下面三個作文題目練習，試着用「開門見山法」寫一段開頭。

《遊＿＿＿＿＿＿＿＿＿＿＿＿＿＿＿》
　寫自己出去遊玩的一處景點。

《家鄉的＿＿＿＿＿＿＿＿＿＿＿＿＿》
　寫家鄉的景色、景物、特產、人物等。

《一件＿＿＿＿＿＿＿＿＿＿＿＿的事》
　可以寫開心的、激動的、傷心的、後悔的……
　各種印象深刻的事。

上一章裏有家長問：寫景文是不是用描寫法開頭比較好？在孩子們掌握了開門見山的開頭方法後，可以試着再給自己的開頭加點色彩。

　　我們來看幾個用細緻描寫法開頭的例子。

如何開頭之 細緻描寫法 2

《蒲公英》

　　蒲公英的花瓣落了，花托上長出了潔白的絨球。一陣陣風吹過，那可愛的絨球就變成了幾十個小降落傘，在藍天白雲下隨風飄蕩。

《小露珠》

　　夜幕降臨了，草葉上、花朵上、禾苗上出現了一顆顆小露珠。小露珠爬呀，滾呀，越來越大，越來越亮，到黎明的時候，已經有黃豆粒那麼大了。

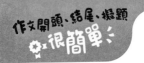

《秋天的雨》

秋天的雨，是一把鑰匙。它帶着清涼和溫柔，輕輕地，輕輕地，趁你沒留意，把秋天的大門打開了。

　　這些狀物和寫景的文章的開頭，通過細緻的描寫營造了一種畫面感，為文章接下來的講述鋪墊了氛圍。大家發現了嗎？這裏的細緻描寫主要體現在多種修辭方法的應用上。

比喻	可愛的絨球變成了幾十個小降落傘。 秋天的雨，是一把鑰匙。
擬人	小露珠爬呀，滾呀…… 秋天的雨……趁你沒留意，把秋天的大門打開了。

　　除了這些，還有用到修辭手法的地方嗎？還有 ——

類比	小露珠……已經有黃豆粒那麼大了。

細緻描寫的方法之一，就是用上修辭哦。

開頭用上描寫，會顯得比較有「高級」感。

好羨慕開頭就會用描寫的同學！感覺這麼開頭，印象分都會高一些。

可是我感覺描寫法有點難，不太會用好詞好句。

我有一個疑問，開頭用描寫法，會不會顯得很囉嗦？

　　家長和孩子們都開始思考啦，真棒！這些問題待會兒回答。繼續來看例子。

　　通過上一章留的課後練習，大家練習了開門見山寫遊記

開頭。這一章,我們就來看看,遊記如何用細緻描寫法開頭。

季羨林
《重過仰光》

從飛機的小窗子裏看下去,地面上閃出一團金光,高高地突出在一片濃綠之上,我心裏想:仰光到了。

季羨林
《登廬山》

蒼松翠柏,層層疊疊,從山麓向上猛奔,氣勢磅礴,壓山欲倒,整個宇宙彷彿沉浸在一片濃綠之中。原來這就是廬山啊!

這兩個開頭都是季羨林先生的作品。

《重過仰光》中,寫到「從飛機的小窗子裏看下去」,「一團金光」,「一片濃綠」,「閃出」,「高高地突起」。這些精準的量詞、色彩詞和動詞,使你的眼前浮現出畫面了嗎?「一團金光」是因為仰光有很多金碧輝煌的佛寺,「一片濃綠」是因為仰光處於熱帶,四季常青。簡單的兩個詞組,已把遊歷地的特點寫明。當你坐飛機快降落的時候,也可以透過小窗子看下去,把你所看到的,用精煉的詞句寫出來。

《登廬山》除了有「一片濃綠」之外，還有四個四字詞語：蒼松翠柏、層層疊疊、氣勢磅礴、壓山欲倒。出聲朗讀一下，體會一下短句的節奏感。另外，請看「整個宇宙彷彿沉浸」的誇張，「原來這就是」的感慨……細緻描寫不僅可以寫景色，還可以表達作者的心情和感受。

描寫和說明事物，開頭也可以用細緻描寫法。

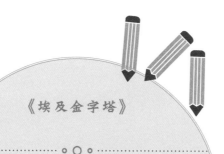

《埃及金字塔》

在埃及首都開羅西南面金黃色的沙漠中，可以看到一座座巨大的角錐形建築物。它們巍然屹立，傲對碧空。這就是舉世聞名的埃及金字塔。

「西南面」、「金黃色」、「一座座」、「巨大」、「角錐形」，這些詞語都很精準。「巍然屹立」、「傲對碧空」，四字詞語的節奏感，可以繼續體會。

　　從這些開頭中，大家能感受到，細緻描寫不是洋洋灑灑、囉囉唆唆寫一大通，而是抓住主要特點，用上精煉的語言，給讀者營造一種畫面感。甚麼是精煉的語言呢？量詞、色彩詞、動詞、節奏相同的詞語，都可以用起來。

　　上文中，有同學問，自己寫不出好詞好句，不會描寫，怎麼辦？有辦法！學會借力打力，合理引用名人名言、詩詞、謎語、歌詞等，為自己的作文開頭增色。感興趣的同學可以在練習中試一試，老師只作提醒，不再舉具體的例子啦。

一課一得

細緻描寫法，文采惹人愛。
修辭來報到，開頭寫得妙。
比喻和擬人，大家最常用。
排比和類比，也可試一試。
描寫亦精簡，不是長篇論。
量詞和動詞，還有色彩詞。
節奏相同詞，畫面感十足。
實在不會寫，還可借力寫。
引用各種句，增色可不少。

一課一練

　　繼續任選下面三個作文題目練習，試着用「細緻描寫法」寫一段開頭。體會與之前「開門見山法」的不同之處。

《遊＿＿＿＿＿＿＿＿＿＿＿＿＿＿＿＿》
　寫自己出去遊玩的一處景點。

《家鄉的＿＿＿＿＿＿＿＿＿＿＿＿＿》
　寫家鄉的景色、景物、特產、人物等。

《一件＿＿＿＿＿＿＿＿＿＿＿＿的事》
　可以寫開心的、激動的、傷心的、後悔的……
　各種印象深刻的事。

3 背景介紹法

如何開頭之

本章主講的開頭方法叫背景介紹法。一般用在記事的作文，或者寫想像故事時。讓我們從例文來看甚麼是背景介紹式開頭。

韋偉《三袋麥子》

快要過年了，土地爺爺給小豬、小牛和小猴各送了一份節日禮物——一口袋麥子。

開頭把這個背景一介紹，文章接着就開始寫小豬、小牛和小猴收到麥子的不同想法，以及一年後的不同結果。在開頭介紹一下故事背景，相當關鍵，相當於給大家打了個招呼，讓大家對接下來文中會寫甚麼，提早心裏有數。

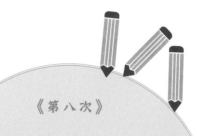

《第八次》

　　古時候，歐洲的蘇格蘭遭到了別國的侵略。王子布魯斯帶領軍隊，英勇地抗擊外國侵略軍。

　　可是，一連打了七次仗，蘇格蘭軍隊都失敗了，布魯斯王子也受了傷。他躺在山上的一間磨坊裏，不斷地唉聲歎氣。對這場戰爭，他幾乎失去了信心。

　　開頭不一定只是第一段。如本文，前兩段都在介紹故事背景：古代蘇格蘭王子在打仗，前七次都失敗了。跟文章題目聯繫起來，大家一定會想知道第八次會是甚麼情況。**故事背景的介紹**與題目相互照應，**吸引大家繼續讀下去。**

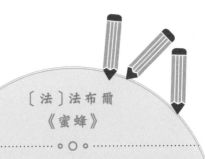

〔法〕法布爾
《蜜蜂》

　　聽說蜜蜂有辨認方向的能力，無論飛到哪裏，它總是可以回到原處。我想做個實驗。

　　做實驗是想驗證傳言是否準確。這樣的開頭特別適合敘事文，用來交代事件的起因。**對甚麼現象有好奇心，想研究甚麼問題，要達成甚麼目的，都可以用背景介紹法在開頭交代清楚。**

孫永猛
《我不能失信》

　　一個星期天，宋耀如一家用過早餐，準備到一位朋友家去。二女兒宋慶齡顯得特別高興。她早就盼着到這位伯伯家去了。伯伯家養的鴿子，尖尖的嘴巴，紅紅的眼睛，漂亮極啦！伯伯還說準備送她一隻呢！她剛走到門口，忽然想起，小珍今天上午要來找她學疊花籃。一家人要去伯伯家，主角卻想起來答應了朋友別的事。

這個開頭寫的就是「我不能失信」這件事發生的大背景，即是在甚麼情況下的不失信。文章一開頭，就把後面事件的背景介紹清楚，**讀者在閱讀時就不會感到突然或者莫名其妙。**

這樣的開頭方法很好。事情都是有前因後果的。開頭先介紹文中事情發生的背景，因為有「因」才有「果」。

您說得很好。

用這個方法，作文開頭更有話講了。

不過，我一不小心，就把故事的背景寫長了。

這是需要避免的，作文不要寫成「大頭娃娃」，開頭簡單介紹背景就好。

　　用背景介紹法開頭的文章，常常是**開頭介紹的這些事，是在題目所說的事件**之前**發生的**，即開頭是題目（即中心事件）的背景。這種開頭法適用於甚麼情況呢？例如，寫一篇作文《遲到》，開頭是不是得寫一下遲到發生前的一些事，例如前一天晚上看球賽了，吃壞肚子了，等等。需要注意的是，不要長篇大論，那樣就頭重腳輕、喧賓奪主了。要簡潔地用幾句話說清楚，儘快開始講文章的中心事件。

　　遊記也是一種記事文，也可以用背景介紹法開頭。我們依舊來看看季羨林先生的作品。

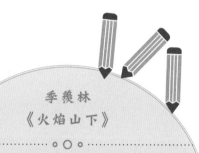

季羨林
《火焰山下》

　　從前讀《西遊記》，讀到火焰山，頗震驚於那火勢之劇烈。後來，聽人說，火焰山影射的就是吐魯番。可是吐魯番我以前從未到過，沒有親身感受，對於火焰山我就只有幻想了。

　　萬沒有想到，我今天竟來到火焰山下。

季羨林
《泰姬陵》

　　阿格拉是有名的地方，有名就有在泰姬陵。世界輿論說，泰姬陵是不朽的，它是世界上多少多少奇之一。而印度朋友則說：「誰要是來到印度而不去看泰姬陵，那麼就等於沒有來。」

　　我前兩次訪問印度，都到泰姬陵來過，而且兩次都在這裏過了夜。我曾在朦朧的月色中探望過泰姬陵。

　　《火焰山下》寫的背景情況是作者自己的閱讀體驗，是與作者自己相關的，是主觀情況；《泰姬陵》寫的背景情況是泰姬陵的久負盛名，是與描寫對象相關的，是客觀情況。介紹這些背景情況，都是為了給真正的遊歷積蓄期待。

　　從這兩個例子可以得出，**背景介紹可以從**主觀和客觀**兩個角度進行哦。**

一課一得

背景介紹法，寫事開頭用。
說主觀情況，表客觀情況。
前因交代清，故事發展明。
如同打招呼，一兩句中聽。
要是扯太長，頭重腳便輕。
背景開好頭，作品滿篇好。

一課一練

繼續任選下面三個作文題目練習，試着用「背景介紹法」寫一段開頭。體會與之前兩種開頭方法的不同之處。

《遊＿＿＿＿＿＿＿＿＿＿＿＿＿＿》
寫自己出去遊玩的一處景點。

《家鄉的＿＿＿＿＿＿＿＿＿＿＿》
寫家鄉的景色、景物、特產、人物等。

《一件＿＿＿＿＿＿＿＿＿＿的事》
可以寫開心的、激動的、傷心的、後悔的……
各種印象深刻的事。

如果想表達你對所寫內容的強烈情感，可以用上對比強調法開頭。對比強調法有些常見的句式，例如：「有人……有人……而我……」；「喜歡……喜歡……但是最喜歡……」；「不是……也不是……而是……」這樣的開頭方式，名家也經常用哦，而且可以用在不同類型的文章中。

季羨林
《夾竹桃》

○○○

　　夾竹桃不是名貴的花，也不是最美麗的花；但是，對我來說，它卻是最值得留戀最值得回憶的花。

季羨林
《德里風光》

○○○

　　在印度，德里不是最古的城，也不是最美的城。但它卻是一個很有個性的城。遊過一次，終身難忘。

用對比強調法寫的開頭，不止可以用在寫物文中，在寫景文、寫事文、遊記中也可以用。如果我們來仿寫，可以寫出很多變化的形式。

例如《西安風光》

在中國，西安不是最美麗的城，也不是最有活力的城。但它卻是一個很有文化底蘊的城。遊過一次，沉醉難醒。

例如《成都風光》

在中國，成都不是最古老的城，也不是最繁華的城。但它卻是一個很有生活氣息的城。遊過一次，回味無限。

對比強調法，不就是PK或者VS嗎？我們喜歡這種「比拼對決」。

感覺又打開了一種思路，先寫A再寫B，或者列舉ABC後再引出D。哈哈，開頭再也不難了。

最喜愛的，最重要的，要通過對比表現出來，我懂了。

例如《遊景山公園》

在北京，景山公園不是最大的公園，也不是最美的公園。但它卻是一個很有氣勢的公園。遊過一次，意猶未盡。

例如《我的小學》

在港島東區，我的小學不是成績最好的小學，也不是環境最美的小學。但它卻是一個讓孩子快樂的小學。即將畢業，戀戀不捨。

前面提到的冰心先生開門見山的開頭：「小的時候，遊戲的種類很多，其中我最愛玩的是吹肥皂泡。」

受此啟發，可以運用對比強調，另寫一段：

聽外婆說，她小的時候，遊戲的種類很多，有需要靈活躲閃的丟沙包，有考驗運動耐力的跳皮筋，還有鍛煉手部精細動作的翻花繩……其中她最愛玩的，是給人奇妙夢幻想像的吹肥皂泡。

通過閱讀以上名家作品和老師仿寫的開頭，大家看出對比強調法的重點了嗎？**對比首先得**同類**之間對比**，例如花和花之間對比，城市和城市之間對比，公園和公園之間對比，小學和小學之間對比，遊戲和遊戲之間對比……**在同一個維度對比，才有意義。**

有同學這樣寫開頭：

有人喜歡奔騰不息的黃河，有人喜歡燈火璀璨的金融街，而我最喜歡的是家鄉的早晨。

這段對比強調式的開頭對嗎？黃河是自然景觀，金融街是人文景觀，而家鄉煙火氣十足的早晨是個融合時間和空間、自然和人文的綜合對象。這三個「景點」放一起對比，一句話 ── 不協調！

除了同類對比之外，對比強調法還要注意一點，那就是**要列出對比對象**各自的**特點**。是名貴，是美麗，還是惹人留戀回憶；是古老，是繁華，還是有生活氣息……你最在意的都在形容詞裏。**你接下來要展開寫的作文中間部分，正是圍繞着開頭的形容詞展開。**

用上文的仿寫舉例。寫西安，你就是要寫它的文化底蘊；寫成都，你就要寫它的多種美食；寫你的小學，你就是要寫你在那裏的快樂……

看來，想用好對比強調法，需要積累一些形容詞。

除了積累，更重要是學會精準運用。要寫準特點，如果用得不合適，還不如不用。

魯迅先生的名篇《從百草園到三味書屋》裏也有段精彩的對比，雖然不是放在了開頭，但「**不必說……也不必說……單是……**」這樣的句式，大家可以仿用在自己文章的開頭。

不必說碧綠的菜畦，光滑的石井欄，高大的皂莢樹，紫紅的桑椹；也不必說鳴蟬在樹葉裏長吟，肥胖的黃蜂伏在菜花上，輕捷的叫天子（雲雀）忽然從草間直竄向雲霄裏去了。單是周圍的短短的泥牆根一帶，就有無限趣味。

一課一得

對比強調法，感情強烈用。
開門見山法，略改動就成。
對象需同類，對比有意義。
通常列三個，太多顯囉唆。
前倆是陪襯，主角在最後。
特點得寫明，區別才明顯。
精準形容詞，文章主心骨。

一課一練

繼續任選下面三個作文題目練習，試着用「對比強調法」寫一段開頭。體會與之前三種開頭方法的不同之處。

《遊＿＿＿＿＿＿＿＿＿＿＿＿＿＿》
　　寫自己出去遊玩的一處景點。

《家鄉的＿＿＿＿＿＿＿＿＿＿＿＿》
　　寫家鄉的景色、景物、特產、人物等。

《一件＿＿＿＿＿＿＿＿＿＿＿＿的事》
　　可以寫開心的、激動的、傷心的、後悔的……
　　各種印象深刻的事。

以上的開頭方法都是比較直白的，讀者一下子就明白你要寫的是甚麼。寫作文開頭，還可以**通過設置懸念來勾起讀者的**好奇心和閱讀興趣。

5

如何開頭之 設置懸念法

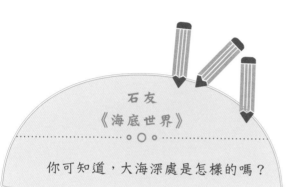

石友
《海底世界》

你可知道，大海深處是怎樣的嗎？

乾脆利落，直接發問，吊起大家的胃口。讀者心中多半會有這樣的呼喊：「想知道！想知道！」

燕志俊
《蝴蝶的家》

　　我常想，下大雨的時候，青鳥、麻雀這些鳥都要躲避起來，蝴蝶怎麼辦呢？天是那樣的低沉，雲是那樣的黑，雷、電、雨、風，吼叫着，震撼着，雨點密集地喧嚷着，風將銀色的雨幕斜掛起來，世界幾乎都被沖洗遍了，就連樹林內也黑壓壓的、水淋淋的，到處都是濕的。這不是難為蝴蝶嗎？

　　用提問來設置懸念，還可以「碎碎唸」。讀者讀着文字，也會為蝴蝶操心起來：怎麼辦，怎麼辦，下雨天的時候蝴蝶怎麼辦？

劉湛秋
《三月桃花水》

　　是甚麼聲音，像一串小鈴鐺，輕輕地走過村邊？是甚麼光芒，像一匹明潔的絲綢，映照着藍天？啊，河流醒來了！

　　自問自答，也就是<u>設問</u>，也是設置懸念法開頭常見的形式。上文要寫河流，開頭就從聲音和光澤兩方面來問問題。其實這裏正是用上了**描寫**，寫出了河流的特點，大家才有可能猜到這是河流。

又學會一招，用問題吸引大家的注意力，有時還顯得很俏皮，我喜歡！

同樣的內容，提問的方式還可以有這麼多種！孩子們的選擇更多了。

選用哪種提問方式，一是看孩子的喜好，二是看文章「劇情的需要」。應用的時候靈活把握，沒有哪種一定比其他更好。

　　如果不作任何描寫，直接提問，有時候會顯得莫名其妙。例如：「你知道我最喜歡的水果是甚麼嗎？答對了，就是葡萄。」這樣的自問自答，讀者看到會覺得很尷尬 —— 你甚麼也沒說，我怎麼能猜到你最喜歡的水果是甚麼呢？

　　這種情況下，**可以直接描寫葡萄的特點**，一種紫色的、酸酸甜甜的、圓圓的、結成一大串的水果；**或者借助引用謎**

語、俗語、歌詞、詩詞等，來幫你寫出葡萄的特點，以便讀者猜到答案。

　　以**設問法設置懸念**，並不是要難住讀者，而是要讓讀者有點好奇，經過思考以後又能猜到，會心一笑。

我以前就常這麼寫，為了問而問，問得莫名其妙。現在才明白是怎麼回事，多謝老師提醒。

自問自答是為了引起共鳴，讓大家猜出來，而不是難住大家，切記。

★〔德〕柏吉爾
《琥珀》（顧均正譯）

‧○○‧

　　這個故事發生在很久很久以前，約莫算來，總有幾萬年了。

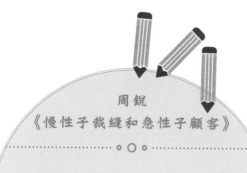

周銳

《慢性子裁縫和急性子顧客》

○ ○ ○

　　故事發生在冬天。裁縫店裏走進一位顧客。

施雁冰

《方帽子店》

○ ○ ○

　　這家帽子店從來沒有做過別的帽子。

　　他們的櫥窗裏都是方帽子。第一頂是方的，第二頂是方的，第三頂還是方的……

　　這種語氣像要開始講故事一樣的開頭，就像電影開頭的空鏡頭那樣，特別能抓住人心。很久很久以前到底發生了甚

麼事呢？裁縫店裏走進一位顧客，發生了甚麼事呢？為甚麼這家帽子店只做方帽子呢？別着急，文章接下來慢慢告訴你。

上文三個開頭沒用一個問號，卻激起讀者心中好多問號，是不是很高明呢？這樣的開頭適合寫童話，「故事新編」的時候很好用，大家可以試一試。

還可以借助道具，觸發大家的好奇心。例如：

每當我看到珍藏在抽屜裏的鎖匙扣，就想起好朋友陽陽來。

鎖匙扣、陽陽和作者之間到底會有甚麼樣的故事呢？想讀下去。

一課一得

設置懸念法，勾人好奇心。
來個小問號，讀者也思考。
直接問乾脆，碎碎唸細緻。
自問又自答，問題含特點。
讀者能猜到，才算好效果。
開頭講故事，電影空鏡頭。
別看是陳述，問號滿心中。
也可借道具，引人往下讀。

一課一練

　　繼續任選下面三個作文題目練習，試着用「設置懸念法」
寫一段開頭。體會與之前四種開頭方法的不同之處。

《遊＿＿＿＿＿＿＿＿＿＿＿＿＿＿＿＿＿》
　　寫自己出去遊玩的一處景點。

《家鄉的＿＿＿＿＿＿＿＿＿＿＿＿＿＿》
　　寫家鄉的景色、景物、特產、人物等。

《一件＿＿＿＿＿＿＿＿＿＿＿＿＿的事》
　　可以寫開心的、激動的、傷心的、後悔的⋯⋯
各種印象深刻的事。

怎樣寫
作文結尾

6

直接總結法

如何結尾之

文章寫完了，怎麼收尾？最簡單的方式就是直接總結文章內容，點明中心。在不同題材的文章中，總結的側重點不同。可以總結寫作對象的特點，也可以總結自己的情感，或者收獲的道理等。

〔法〕法布爾
《蜜蜂》

蜜蜂靠的不是超常的記憶力，而是一種我無法解釋的本能。

文章開頭交代：因為想驗證蜜蜂是否能辨認方向而做了一個實驗，中間描寫實驗過程，結尾得出實驗結論。展現了敘事文「起因－經過－結果」的經典寫作結構。

秦文君
《剃頭大師》

當然，我沒得到那五塊錢。這還不算倒霉，最倒霉的是小沙父子：小沙被迫去理髮店剃了個和電燈泡一樣的光頭；姑父呢，那件睡衣上的頭髮怎麼也清除不乾淨，他每天夜裏都要爬起來兩三次，捉跳蚤一樣找身上的碎頭髮。

文章中「我」的剃頭功夫不怎麼樣，文中對事情過程的描寫鮮活生動、抓人眼球，一場小鬧劇到了最後，得交代一下結局。這個結尾就把文中提到的三個人物的結局都交代清楚了。

石友
《海底世界》

海底真是個景色奇異、物產豐富的世界。

陶金鴻
《秋天的雨》

秋天的雨，帶給大地的是一曲豐收的歌，帶給小朋友的是一首歡樂的歌。

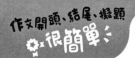

林遐
《海濱小城》

這座海濱小城真是又美麗又整潔。

《美麗的小興安嶺》

小興安嶺一年四季景色誘人，是一座美麗的大花園，也是一座巨大的寶庫。

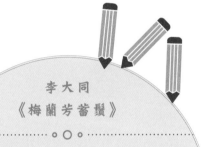

李大同
《梅蘭芳蓄鬚》

作為藝術家，梅蘭芳先生高超的表演藝術讓人喜愛，他的民族氣節更令人敬佩。

　　寫物、寫景、寫人的作文，結尾可以這樣用上準確的形容詞，直接總結景物的特點。**這裏的**形容詞，一定得是形容文章結尾之前**寫到的內容，要儘量準確全面**。不要節外生枝、畫蛇添足，也不要有所缺漏。多個特點之間可以直接用**頓號關聯，或者用**關聯詞**關聯**。

是……是……

是……也是……

又……又……

讓人……更讓人……

這樣的句式有很多，大家平時注意積累。

用直接總結法結尾，考驗孩子概括文章中心的能力。

您說的對，看著簡單的方法，其實是應該優先掌握的基本功。

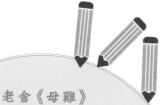

老舍《母雞》

○ ○ ○

牠負責、慈愛、勇敢、辛苦，因為牠有了一羣雞雛。牠偉大，因為牠是雞母親。一個母親必定就是一位英雄。

我不敢再討厭母雞了。

全文欲揚先抑，從開頭的討厭母雞到結尾的不敢再討厭母雞，對母雞的情感發生了轉變。結尾總結了**母雞的四大特點** —— 負責、慈愛、勇敢、辛苦，乾脆利落地表明情感。

王安憶
《我們家的男子漢》

○ ○ ○

　　這就是我們家的男子漢。看着他一點兒一點兒長大，他的臉盤的輪廓，他的手掌上的細紋，他的身體，他的力氣，他的智慧，他的性格，還有他的性別，那樣神秘地一點兒一點兒鮮明，突出，擴大，再擴大，實在是一件最最奇妙的事情。

　　文章寫了姐姐家的小男孩對食物的興趣，對獨立的要求，面對生活挑戰的沉着。**結尾羅列了小男孩的方方面面**，無非是為了總結作者對這個小男孩點點滴滴的關注，和看到他成長的喜悅欣慰。

直接總結式結尾，可以總結事情的結果，也可以總結所寫事物或人物的特點，以及你對其的情感。可以是極簡的一句話總結，也可以是羅列多個特點後收尾。

這種結尾方法，我用得最多。

我發現寫結尾的直接總結法，類似寫開頭的開門見山法。

你說得對，開門見山式開頭和直接總結式結尾，正適合配套使用。

一課一得

直接總結法，常見結尾式。
寫人和景物，特點終概括。
兩個三四個，更多也可列。
寫事有始終，結局交代清。
編筐要收口，首尾相呼應。
文章中心明，主題不跑偏。

一課一練

繼續任選下面三個作文題目練習，試着用「直接總結法」
寫一段結尾。

《遊＿＿＿＿＿＿＿＿＿＿＿＿＿＿＿＿》
　寫自己出去遊玩的一處景點。

《家鄉的＿＿＿＿＿＿＿＿＿＿＿＿＿》
　寫家鄉的景色、景物、特產、人物等。

《一件＿＿＿＿＿＿＿＿＿＿＿＿的事》
　可以寫開心的、激動的、傷心的、後悔的⋯⋯
　各種印象深刻的事。

7

如何結尾之

強烈抒情法

很多寫人、寫事、寫景、寫物的作文，到了結尾免不了抒發對所寫的人、事、景、物的情感。簡單直接的方法就是直抒胸臆，即用「強烈抒情法」結尾。

張秋生
《鋪滿金色巴掌的水泥道》
○○○

一夜秋風，一夜秋雨。
當我背着書包去上學時，第一回覺得，門前的水泥道真美啊！

秋天給人蕭瑟的感覺，但在孩子眼中，秋雨過後法國梧桐的落葉緊緊貼在濕漉漉的水泥道上，就像金色的巴掌，是那麼活潑有趣。看完結尾之前的文章，結尾「真美啊」也是讀者想發出的**強烈讚美**。

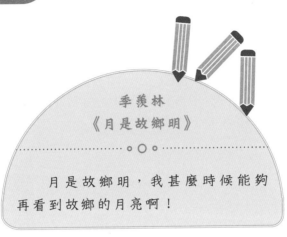

季羨林
《月是故鄉明》

○ ◎ ○

月是故鄉明，我甚麼時候能夠再看到故鄉的月亮啊！

「舉頭望明月，低頭思故鄉」，月亮往往寄託思鄉之情，季羨林先生只在故鄉待了六年就背井離鄉，從此漂泊天涯。但再廣闊的世界的月亮，都比不上故鄉的月亮。這篇文章中，季羨林先生在描述自己與月亮的各種交集後，**結尾直接抒發想再次看到故鄉月亮的情感，思鄉之情滿溢**。

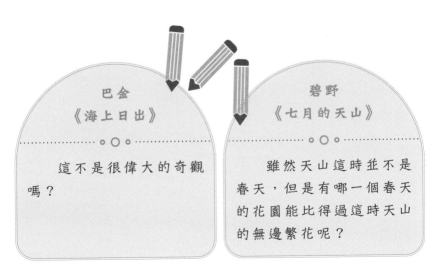

巴金
《海上日出》

○ ◎ ○

這不是很偉大的奇觀嗎？

碧野
《七月的天山》

○ ◎ ○

雖然天山這時並不是春天，但是有哪一個春天的花園能比得過這時天山的無邊繁花呢？

巴金先生在海上觀看日出美景，寫出了日出時太陽、雲彩、水面、天空等的顏色和形態，**結尾用反問句來表達強烈的情感**，即對大自然奇觀美景的讚美之情。碧野先生寫出了七月天山的雪水、叢林、花海等美景，結尾依舊是用反問句，表達七月的天山比春天的任何一個花園都美。**比起陳述句，反問句會更有力量**，快學着用起來。

反問句的語氣比陳述句更加強烈，我喜歡強烈表達自己的情緒或者想法。

我也是，我也是，強烈的情感讓人印象深刻，更容易被讀者記住。

強烈抒情可以，但要基於真實，不然就成了「假大空」、喊口號。

鄭振鐸
《燕子》

○ ○ ○

　　那邊還有飛倦了的幾對，閒散地在纖細的電線上休憩──嫩藍的春天，幾支木杆，幾痕細線連於杆與杆之間，線上停着幾個小黑點，那便是燕子。多麼有趣的一幅圖畫呀！

　　除了直接抒情和反問抒情外，還可以用上描寫加抒情的方法。「多麼有趣的一幅圖畫」，到底如何有趣呢？結尾用簡單的幾筆描寫為讀者定格這個畫面。

這段景物描寫，景中有情。

就像電影鏡頭一樣，有一種淡淡的韻味。真「高級」！

一課一得

強烈抒情法，直白表情感。
讚美或思念，歎號呼喊出。
用上小問號，反問有力量。
抒發情感前，還可加描寫。
營造畫面感，情感更真切。
引讀者共鳴，作文常惦念。

一課一練

繼續任選下面三個作文題目練習，試着用「強烈抒情法」寫一段結尾。體會與之前「直接總結法」的不同之處。

《遊＿＿＿＿＿＿＿＿＿＿＿＿＿》
　　寫自己出去遊玩的一處景點。

《家鄉的＿＿＿＿＿＿＿＿＿＿＿》
　　寫家鄉的景色、景物、特產、人物等。

《一件＿＿＿＿＿＿＿＿＿＿＿的事》
　　可以寫開心的、激動的、傷心的、後悔的……
　　各種印象深刻的事。

8

情理昇華法

如何結尾之

「強烈抒情法」是強烈直接地抒發情感，而「情理昇華法」一般是文中借物明理或者借物抒情，結尾把這種情感和道理總結出來。想提升文章立意，可以選擇「情理昇華法」。

陳慧瑛
《梅花魂》

當年的我，還過於稚嫩，並不懂得，我帶走的，豈止是我慈愛的外祖父珍藏的一幅丹青、幾朵血梅？我帶走的，是身在異國的華僑老人一顆眷戀祖國的赤子心啊！

外祖父漂泊他鄉、身在異國多年，年老體衰，不能再回祖國看看，於是把自己最鍾愛的墨梅圖送給了要歸國的「我」。梅、蘭、竹、菊是我們傳統文化中的「四君子」，梅花代表了有氣節的中國人。這幅墨梅圖裏包含着外祖父的愛國思鄉之情。文章結尾強烈而直接地表達出了這種情感。

梅、蘭、竹、菊在中國文化裏代表的
意義，是孩子需要了解的。

我之前就知道。因為我讀過一些寫梅、蘭、
竹、菊的古詩詞。

真棒！想學好中文，離不開文化常識的積累，而閱
讀是最好的積累途徑。類似這樣有崇高立意的散文
還有很多，今後的閱讀中，大家多留意積累。

豐子愷
《手指》

˙ ○ ˙

　　手上的五指，我只覺得姿態與
性格，有如上的差異，卻無愛憎在
其中。手指的全體，同人羣的全體
一樣，五根手指如果能團結一致，
成為一個拳頭，那就根根有用，根
根有力量，不再有甚麼強弱、美醜
之分了。

豐子愷先生抓住生活的瑣屑 —— 手指，這平常得不能再平常的事物，來發出團結一致抗敵的號召。**如果不在結尾點明這樣的情感，整篇文章就是幽默細膩的寫物文，加上這樣的結尾，全文的立意立刻提高了許多。**

是呀，所以多觀察生活、思考生活，也是寫好作文的竅門。

我們再熟悉不過的手指，原來也蘊含着哲理。

〔英〕王爾德
《巨人的花園》

　　許多年過去，巨人老了。他不能再跟孩子們一塊兒玩了，只能坐在椅子上看孩子們玩各種遊戲，同時也欣賞着他自己的花園。他說：「我有許多美麗的花，可孩子們卻是最美麗的花。」

王爾德的童話中，自私的巨人剛開始不願意和孩子們分享自己美麗的花園，可是沒有孩子的花園逐漸荒蕪，而請回孩子以後，花園重煥生機。**孩子們才是最美麗的花**，這道理你們會深表認同吧。

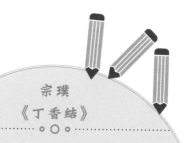

宗璞
《丁香結》

　　丁香結，這三個字給人許多想象。再聯想到那些詩句，真覺得它們負擔着解不開的愁怨了。每個人一輩子都有許多不順心的事，一件完了一件又來。所以丁香結年年都有。結，是解不完的；人生中的問題也是解不完的，不然，豈不是太平淡無味了嗎？

　　賞花的同時，發現了花上的結；延伸到對生活的思考 —— 生活中不止有風花雪月的浪漫情調，還會有問題疊着問題打成的一個又一個結。面對生活中的美，報之以欣賞；面對生活中的難，也要有解結的心志。這就是本文結尾給我們的深刻啟示。

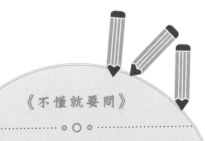

《不懂就要問》

　　後來，有個同學問孫中山：「你向先生提出問題，不怕捱打嗎？」

　　孫中山笑了笑，說：「學問學問，不懂就要問。為了弄清楚道理，就是捱打也值得。」

　　這篇文章講的是孫中山小時候在私塾讀書，為了弄懂書裏的意思，不怕先生的懲罰，大膽地向先生提出問題的事情。文章本可以用直接總結法交代事件結果，在這裏結束就好──「先生講得很詳細，大家聽得很認真」。但偏偏加了這樣一場對話，就是為了**通過對話來點明要敢於獨立思考，敢於質疑的道理。**

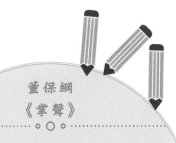

董保綱
《掌聲》

　　幾年以後，我們上了不同的中學。英子給我來信說：「我永遠不會忘記那掌聲，因為它使我明白，同學們並沒有歧視我。大家的掌聲給了我極大的鼓勵，使我鼓起勇氣微笑着面對生活。」

　　這段結尾也是用了情理昇華法。與掌聲有關的這件事的結果交代完以後，又安排了一次幾年以後的「結果」。這次不是通過對話，而是**通過書信**，來表明掌聲中包含的深意。

馮驥才
《珍珠鳥》

我筆尖一動，流瀉下一時的感受：信賴，往往創造出美好的境界。

不少孩子為了昇華主題，也會在結尾總結道理，但總結的方式比較生硬。例如：「通過這件事，我懂得了……」；「這件事讓我明白了一個道理……」直接總結道理，很容易顯得像是在喊口號。把道理通過對話或者書信等方式講出來，就自然很多。像《珍珠鳥》這樣作者自己書寫道理的方式也很高明，仿照練習起來吧！

一課一得

　　情理昇華法，文章立意高。
　　以小來見大，表事物深意。
　　相似點聯想，現實巧聯結。
　　情感和號召，引讀者共鳴。
　　對話和書信，借筆寫道理。
　　不再喊口號，更深入人心。

一課一練

　　繼續任選下面三個作文題目練習，試着用「情理昇華法」寫一段結尾。體會與之前兩種結尾方法的不同之處。

《遊_____》
　　寫自己出去遊玩的一處景點。

《家鄉的_____》
　　寫家鄉的景色、景物、特產、人物等。

《一件_____的事》
　　可以寫開心的、激動的、傷心的、後悔的……
　　各種印象深刻的事。

作文開頭、結尾、擬題
很簡單

9

如何結尾之

自然意境法

結尾是不是一定要總結和抒情呢？初學寫作的時候，是的，這樣顯得結構清晰，中心明確。但還有更高明的結尾方法，言已盡而意無窮，引人遐想和回味。老師把這種結尾方法稱作「自然意境法」，即通過描寫一定的畫面，營造一種和文章主題契合的氛圍，使文章自然而然地結束。

蕭紅
《祖父的園子》

天空藍悠悠的，又高又遠。

可是白雲一來，一大團一大團的，從祖父的頭上飄過，好像要壓到祖父的草帽了。

我玩累了，就在房子底下找個陰涼的地方睡着了。不用枕頭不用席子，把草帽遮在臉上就睡了。

小蕭紅和祖父的溫馨時光：藍天白雲下，在陰涼的地方躺着，爺爺的草帽遮着臉，就是這麼愜意。**比起直白的抒情：**「啊，好懷念和爺爺相處的時光啊！」這樣的結尾是不是更「高級」呢？

蕭紅
《火燒雲》

一時恍恍惚惚的，天空裏又像這個，又像那個，其實甚麼也不像，甚麼也看不清了。必須低下頭，揉一揉眼睛，沉靜一會兒再看。可是天空偏偏不等待那些愛好它的孩子。一會兒工夫，火燒雲下去了。

蕭紅是營造自然意境的高手。在她的筆下，天邊的雲彩奇妙夢幻，充滿童趣。結尾寫出了隨着時間的流逝，雲彩消失。筆墨淡淡的，給人無限的想像空間。**寫景文更適合用這種結尾的方式。**

自然意境結尾法，是不是只有寫景文才可以用呢？

我好像也看到過寫事文用的。

沒錯，這種結尾法，也沒有文章類型的限制。我們接下來就會講。

不過，自然意境結尾法，好像不是那麼好掌握的。

是的，孩子可以等寫作水平到達一定程度後，自然而然去應用。

〔丹麥〕安徒生
《一個豆莢裏的五粒豆》
（葉君健譯）

○○○

此刻，頂樓窗子旁那個小女孩 —— 她的臉上洋溢着健康的光彩，她的眼睛發着亮光 —— 正注視着豌豆花，快樂地微笑着。

這篇童話故事中，五粒豌豆飛到廣大的世界裏去，各奔前程，那粒飛進「一個長滿了青苔和霉菌的裂縫裏去」的豌豆，給重病的小女孩以希望，使小女孩找回了健康和快樂。文章結尾沒有直接表明評價，而是定格在小女孩注視着豌豆花微笑的畫面，一切盡在不言中。

陸穎墨
《小島》

○ ○ ○

　　清晨，將軍乘快艇離開了小島。回望小島，他看到那片綠色上面，一輪鮮紅的太陽正在升起。

　　他向着太陽，向着那片綠色，也向着小島，行了一個標準的軍禮。

　　駐守海島的士兵們很難吃上新鮮蔬菜，想盡辦法從老家背來土，學來大棚種菜的技術。雖然新鮮蔬菜成活起來了，但產量畢竟有限。將軍來視察，士兵們給將軍上了一盤新鮮蔬菜，將軍要分給大家，大家都跑開了。將軍只好給大家分發菜湯，大家眼睛濕着、鼻子酸着吃完了這頓飯。**結尾並沒有高喊保家衞國的崇高口號，但綠色蔬菜棚上升起的太陽、標準的軍禮說明了一切。**

一課一得

自然意境法，結尾影視化。
定格某畫面，鏡頭感十足。
動作和神態，描主要人物。
顏色和形狀，事物來串場。
色彩和光線，風景眼前現。
氛圍感滿滿，回味意無窮。

一課一練

繼續任選下面三個作文題目練習，試着用「自然意境法」寫一段結尾。體會與之前三種結尾方法的不同之處。

《遊＿＿＿＿＿＿＿＿＿＿＿＿＿＿＿》

寫自己出去遊玩的一處景點。

《家鄉的＿＿＿＿＿＿＿＿＿＿＿＿》

寫家鄉的景色、景物、特產、人物等。

《一件＿＿＿＿＿＿＿＿＿＿＿＿＿的事》

可以寫開心的、激動的、傷心的、後悔的……
各種印象深刻的事。

10

交流互動法

如何結尾之

開頭可以用設置懸念法勾起讀者的好奇心，結尾也可以用交流互動的方式拉近和讀者的距離。寫文章的讀者意識，在這樣的結尾處表現得格外明顯。

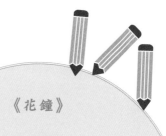

《花鐘》

○ ○ ○

　　一位植物學家曾有意把不同時間開放的花種在一起，把花圃修建得像鐘面一樣，組成花的「時鐘」。這些花在二十四小時內依次開放。你只要看看甚麼花剛剛開放，就知道大致是幾點鐘，這是不是很有趣？

　　結尾最後一句如果改成「真是有趣啊」，就是用強烈抒情法結尾。上文用上一個「是不是」的問句，和讀者的交流就顯得俏皮有趣了。

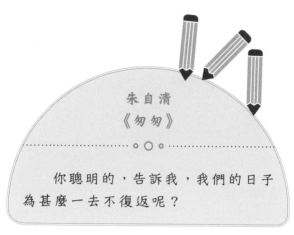

朱自清
《匆匆》

你聰明的，告訴我，我們的日子
為甚麼一去不復返呢？

朱自清先生在《匆匆》開頭發問「聰明的，你告訴我，我們的日子為甚麼一去不復返呢？」中間多次發出疑問，細膩地刻畫了時間流逝的蹤跡，**結尾重現這一疑問，再次與讀者互動**，流露出作者對時光流逝所感到的無奈和惋惜。

用交流互動法結尾的名家名作不是很多，但這個方法小朋友特別喜歡用。不同題材的作文都可以用這個方法結尾，和讀者說上一兩句，既親切又吸引人。

例如，有一篇《推薦一個好地方》，從視覺和聽覺兩方面描寫壺口瀑布，結尾是這樣的：

壺口瀑布實在是太壯麗了，如果你還沒見過，一定要來親自感受一下如萬馬奔騰的黃河水。

沒見過壺口瀑布的讀者，是不是心動了呢？

　　寫景文或者遊記的結尾，還可以和讀者定個約定，例如一篇《呼倫貝爾大草原》，結尾是這樣的：

　　這就是老舍筆下「到處翠色欲流，輕輕流入雲際」的大草原。明年暑假，咱們一起去呼倫貝爾大草原享受這份靈動的自由吧！

　　例如，一篇《我家是個動物園》，把一家人比喻成各種動物，分別介紹每位家人和特定動物之間的相似點，結尾是這樣的：

　　這個充滿珍稀動物、熱鬧非凡的動物園，就在福州市古田路柳前巷。歡迎來玩，不收門票哦。

　　歡迎來玩，不收門票，哈哈，還真把自己的家當動物園啦。想去玩嗎？咱們一起呀。

　　例如，一篇《我的老師》，介紹老師可敬的一面與可愛的一面，結尾是這樣的：

　　通過我的介紹，你們是否也和我一樣，開始喜歡上這位可敬又可愛的「雙面眼鏡獅」肖老師了呢？

　　比起直接抒情，這樣的互動詢問更有味道。對這樣的好老師，讀者是會喜歡的吧！

交流互動結尾法，好像挺簡單的。好像類似設置懸念開頭法。

而且這樣結尾，也很有特點，很有意思。

這種結尾法，符合我家孩子活潑熱情的天性。

大家好像很喜歡交流互動結尾法。不過，我們寫作文，還是要根據每篇文章的情況，選擇合適的結尾方式哦。

是的，合適的才是好的。寫作不該套公式。

一課一得

交流互動法，結尾「二人轉」。
直接寫個「你」，對話感十足
問句「是不是」，俏皮感盡顯。
還可以邀請，或者定約定。
歡迎或詢問，讀者在對面。
小朋友愛用，結尾變花樣。

一課一練

繼續任選下面三個作文題目練習，試着用「交流互動法」寫一段結尾。體會與之前四種結尾方法的不同之處。

《遊＿＿＿＿＿＿＿＿＿＿＿＿＿＿》
寫自己出去遊玩的一處景點。

《家鄉的＿＿＿＿＿＿＿＿＿＿＿＿》
寫家鄉的景色、景物、特產、人物等。

《一件＿＿＿＿＿＿＿＿＿＿＿的事》
可以寫開心的、激動的、傷心的、後悔的等各種印象深刻的事。

怎樣為作文擬題

11

如何擬題之 明確中心法

「題好文一半」，一篇文章的題目是吸引讀者閱讀的首要因素。在給定具體題目寫作的時候，照搬題目即可。但考試的時候經常會出現這樣的要求：給一個主題範圍，要求題目自擬。這樣的情況，就要好好花心思了。

這應該也是最常用的擬題方法，類似寫作文開頭的「開門見山法」，和寫作文結尾的「直接總結法」。

大多數時候，我應該都是用明確中心法起作文題目的。

我也是，但不是每個作文題目都起得好。

用明確中心法擬題，看似中規中矩，實則很多名家的作品，以及選入教科書的作品，都在用這種最基本的方法。這相當於武林功夫中的梅花樁，屬於基本功。

　　我們來看一些文章題目的例子。

　　例如，老舍先生有兩篇著名的文章：《貓》和《母雞》。你看，這兩個題目多麼簡潔，連個形容詞都沒有。它們簡單直接地告訴大家 —— 我要寫貓啦，我要寫母雞啦，至於是甚麼樣的貓，甚麼樣的母雞，自己來看。

　　大家想想，老舍先生為甚麼不在題目的「貓」和「母雞」前面加形容詞呢？因為《貓》中的貓有多種特點，行文運用了多次對比，不好用一個詞來形容文中寫的貓，直接用「古怪」又和作者的情感不符。《母雞》中的母雞也具備多種特點，行文欲揚先抑，褒義和貶義的特點各自都有 4 個，實在不好用一個詞來匯總。所以，這兩篇文章的題目，索性不加修飾限定的形容詞了。

　　還有一些文章是雙主角，所以題目就是把兩個主角都列上，效果也是簡單直接。例如張天翼的童話《大林和小林》、周銳的小說《慢性子裁縫和急性子顧客》。

　　寫事文用明確中心法擬題的示例，如《觀潮》、《找春天》、《記金華的雙龍洞》。

很多時候，我們學生寫作文，題目還是更明確一些為好，可以適當加一個詞來形容。

可以從老舍先生的《駱駝祥子》入手，學習擬題的方法。主人公祥子前面加了「駱駝」兩字，不止是因為文中祥子和駱駝產生了故事交集，還因為祥子一生辛勞奔波，就像一隻駱駝。所以說，「駱駝」二字很傳神。

類似的，寫人的文章用明確中心法擬題的有：《小兵張嘎》、《小英雄雨來》；寫景的文章用明確中心法擬題的有：《繁星》、《桂花雨》、《祖父的園子》；寫物的文章用明確中心法擬題的有：《落花生》、《神奇的納米技術》。

明確中心法擬題，簡單直接夠爽快。平時閱讀中，留心注意一下哪些文章是用明確中心法擬題的。

一課一得

題是全文眼，大不宜散亂。
簡單一個詞，聚焦往下看。
寫人或寫物，緊繞名詞轉。
寫景或寫事，動詞得出現。
加個修飾詞，意思更明確。
要是雙主角，兩個連一起。

一課一練

用明確中心法，給下面的兩篇文章添加標題。

1

我的爸爸有滿臉的鬍子，只要有一天不刮，臉上就黑乎乎一片。不知道的人可能還以為他戴了一隻半透明的黑色口罩，可好笑了！

鬍子多是爸爸的一大麻煩，因為非常難刮。每天早上我起來的時候，就發現爸爸站在洗手台前，一邊用風筒吹着自己的臉，一邊刮鬍子。我很好奇，於是就問爸爸：「爸爸，你為甚麼要一邊用風筒吹一邊刮鬍子？」

「因為鬍子不乾就刮不下來！」爸爸回答道。我恍然大悟。

尤其是到了夏天，爸爸刮鬍子的時候，渾身上下都是汗，只好一邊刮一邊扇扇子。那樣子別提多滑稽了！

然而，爸爸有一個習慣，那就是——放假就不刮鬍子。今年寒假開始後的一天，我迷迷糊糊醒來以後，來到餐桌旁，發現爸爸正美滋滋地享用早餐。當他抬起頭衝我一笑時，那滿臉黑乎乎的鬍子裏露出了潔白如月的牙齒，把我嚇了一大跳！渾身上下都清醒了過來。

雖然爸爸的鬍子又多又密，但別有風味，他是我的好爸爸。

2

上週日，彩虹老師給我們留了一個作業：寫一篇有情節起伏的記事文，記錄怎樣解決困難。我左思右想，終於想起來一個我自認為很好的點子——寫跳繩。於是我馬上興奮地跑回我的房間，拿起筆在紙上寫寫畫畫，不一會兒就把作文寫完了。

「媽媽，我寫完了。」我一邊說，一邊像小兔子一樣飛快地跑到媽媽的屋子，迫不及待地把文章遞給了媽媽，得意洋洋地站在旁邊等着表揚。

媽媽仔細地反覆閱讀了我寫「跳繩」的文章，一臉嚴肅地對我說：「你這篇有一點太千篇一律了吧？怎麼開頭又是一個陽光明媚的下午，然後你又去了公園呢？這個開頭你好像用過三次了吧！」聽到這些話，我感到渾身的力氣都沒有了，

一下子倒在了媽媽的大牀上。

「你應該換一個主題，跳繩這件事有很大的困難嗎？你好像幼稚園的時候就會跳了吧，再說有困難，不是很牽強嗎？」媽媽還在繼續她的點評。我感覺自己受到了很大的打擊，實在忍受不住，於是哇哇大哭，邊哭邊在牀上滾來滾去。

媽媽安慰我說：「這沒甚麼，只是應該換一個主題嘛！」我的哭聲更加猛烈了，還一邊叫：「我不要重寫作文！這篇也是我辛辛苦苦想出來的。」

媽媽耐心地繼續勸說我：「你可以寫一件自己經歷過的事情啊。比如這次你寫作文時思想的起伏就夠大的。」雖然我還在哭着，可是我彷彿有了靈感。於是我一下子破涕為笑，心滿意足地跑回我的房間。

把紙和筆放在面前，剛要開始寫，問題又來了：我該怎麼寫呢？「啪」的一聲，我把筆重重地放在桌子上，一邊歎氣一邊自言自語：「這篇作文也太難寫了吧，我該怎麼寫呢？萬一寫不好怎麼辦呢？我是去找媽媽幫幫忙，還是硬着頭皮自己寫呢？我還是去找媽媽幫幫忙吧，不行，我還是自己寫吧……」最後，我又看了一遍彩虹老師的講課內容，終於豁然開朗了。

寫完了這篇作文的第一稿，我又在媽媽的要求下，反覆地修改了兩遍。雖然這次寫作文的作業讓我遇到了一些困難，可是我的心裏非常高興，因為這是一次非常難忘的經歷。

作文開頭、結尾、擬題
很簡單

12

借用道具法

如何擬題之

這裏的「道具」不是電視劇或電影中，為了表演而用到的器物，例如一本書、一套衣服等。而是指在文學作品中，推動故事情節發展或是凸顯人物性格特徵的物品。

例如豐子愷《我的母親》中，母親總是坐在老屋西北角一把不安穩、不便利、不衞生、不清靜的八仙椅子上，操持着家裏的事和店裏的事，同時擔負起嚴父慈母的責任。八仙椅子就是貫穿全文的道具。

有些文章的題目沒有點明人物、事件、景物，而是以貫穿全文的最主要物品，即「道具」為題。

例如莫泊桑的《項鏈》中，作者以項鏈為道具，以主人公借項鏈、戴項鏈、找項鏈、還項鏈、知項鏈是假為線索，講述了貪圖享樂而虛榮的女人瑪蒂爾德被耽誤的一生。

整篇文章沒有以「一個虛榮的女人」為題，沒有以主人公的名字「瑪蒂爾德的一生」為題，而是以攪亂她一生的「項鏈」為題，辛辣的諷刺中透着一股辛酸。

我讀過這篇小說,讀完對文中「項鏈」印象很深刻。

莫泊桑選這個「道具」作為作文題目,選得真好。大作家就是不一樣。

你們說得對。不過,也不是每篇文章裏都有「道具」的,如果沒有,也不用勉強。

例如楊旭《金色的魚鈎》,講的是紅軍長征路上艱難困苦的過草地經歷。炊事班班長要照顧三個病號,但青稞麵吃完了,沒糧食了,班長想方設法釣魚,煮鮮魚野菜湯給三個病號吃,而他自己沒吃過一點魚,最終因為飢餓而犧牲了。病號之一的作者把老班長留下的魚鈎小心地保存起來。

文章的最後一句:

在這個長滿了紅鏽的魚鈎上,閃爍着燦爛的金色的光芒!

「金色的魚鈎」這一題目也由此而來。

　　文章沒有以「敬愛的 ／ 無私奉獻的 ／ 捨己為人的老班長」為題，而是以貫穿全文的道具 —— 魚鈎為題，而且給這個魚鈎塗上了一抹金色。這抹閃閃發光的金色，正象徵着老班長捨己為人的崇高品質，也象徵着緬懷老班長時閃閃發光的淚眼。

　　例如魯迅先生的大作《藥》，講述了一個買人血饅頭治病的故事。茶館主人華老栓想用革命者夏瑜的血，來醫治自己兒子華小栓的肺癆，可是無濟於事。整篇文章的基調是悲涼沉重的。

　　文章沒有用寫實的「人血饅頭」為題，也沒有用直白的評價，如「無謂的犧牲」為題，而是用貫穿全文的道具「藥」為題，虛實結合，發人深省。人血饅頭不是醫治肺癆的藥，革命者的犧牲也不是能喚醒麻木民眾的藥，到底甚麼是能醫治中華民族的「藥」？甚麼是能改變當時中國屈辱現狀的「藥」？無數拿着筆杆子的先生們、端着槍杆子的革命志士們上下求索。

　　用借用道具法擬題，言有盡而意無窮。平時閱讀中，留心注意一下哪些文章是用借用道具法擬題的。

一課一得

> 題好文一半，吸引往下看。
> 用個小道具，串起故事線。
> 物品不起眼，作用不平淡。
> 起伏和轉折，推事件向前。
> 定格某畫面，留下記憶點。
> 「高級」感題目，經典常流傳。

一課一練

用借用道具法，給下面的兩篇文章添加標題。

1

在我成長的這 10 年裏，發生過許許多多的事情，有開心快樂的，有難過傷心的。可給我留下最深印象的是發生在我 5 歲多那年的一件事，雖然過去好幾年了，但是現在只要一想起來，我仍後怕不已⋯⋯

有一天傍晚，我在我家樓下和小夥伴玩時，撿到了一顆不大不小的珠子。我覺得很好玩，就一直拿着那顆珠子玩，後來還放到鼻孔前聞，想聞聞看有甚麼味道。剛好有小朋友在身邊跑來跑去，撞到了我，那顆珠子不偏不移，正好塞進了我的鼻子裏。

我頓時慌了，用力擤鼻涕，可是甚麼也沒擤出來，我害怕極了，跑到媽媽身邊，告訴她我鼻子裏有珠子。媽媽馬上查看我的鼻子，可她甚麼也沒看見，可我堅持說有珠子在鼻子。後來她拿手機的手電筒照，才看到鼻腔深處有顆珠子，但是她也沒辦法取出來，她急得馬上帶我去醫院。

去醫院的路上，我被媽媽抱在懷裏，看到她驚慌凝重的表情，我偷偷流淚，心想：我是不是要死了……我們來到醫院，媽媽趕緊帶我來到了急診室。當時已經很晚了，護士讓我們直接去耳鼻咽喉科住院部處理。值班醫生叫我躺在椅子上，用工具檢查，發現那顆珠子卡在鼻子深處，醫生說要是再深一點，或是珠子再小一點，進入氣管內，可就麻煩了。我嚇得面如土色，躺在椅子上一動不敢動，很快，那顆珠子被醫生用工具取出來了，我心裏那塊懸着的石頭也終於着地了。

這段可怕的經歷讓我難以忘懷，以至於已經過去了幾年，但是只要一想起來，還心有餘悸。從那時起，我再也不敢亂玩珠子了。

2

週末的下午，弟弟正專心致志地拼 LEGO。他右手拼樂高，左手拿零件，忙得不亦樂乎。很快，一架精緻的彩色飛機就做好了。

我來到弟弟身邊坐下。我發現弟弟的眼睛死死盯着我。「怎麼了？」我好奇地問。只見弟弟的臉漲得通紅，眉毛倒豎，眼中佈滿血絲，雙手緊緊地握成拳頭，像一頭發怒的雄獅。我有些害怕，往旁邊挪了挪，驚奇地發現了屁股底下的飛機碎片。

　　弟弟終於大吼一聲：「你幹甚麼？你為甚麼要弄壞我的飛機？」他一個箭步上前，撿起飛機碎片，重重地扔到地上。又衝回房間，邊跑邊喊：「你是個大壞蛋，你是個大壞蛋！」然後「砰」的一聲，重重地把門關上。這使我有些不知所措。

　　我輕輕推開門，看見弟弟坐在牀上，臉還是通紅通紅的。他鼻子狠狠吸着氣，眼睛盯着地面，雙手插着腰，嘴裏還小聲嘟囔着：「這個大壞蛋，這個大壞蛋！」我走進房間，溫柔地解釋道：「我又不是故意的，而且LEGO壞了，也可以重新拼好呀！」弟弟抬起頭，雙手用力地砸着枕頭，不顧一切地大喊：「我不管，反正你是大壞蛋，大壞蛋！」我還想解釋，可是弟弟站起身用力把我推出門外，然後把門用力關上。

　　我撿起地上的碎片，然後把它們拼好，再次走進房間。我把飛機重新放在弟弟面前，弟弟終於笑了。

参考答案

1 如何開頭之 開門見山法

家鄉的海鮮（張翮）

我的家鄉山東青島是個美麗的濱海城市。這裏的海鮮馳名中外。

張翮《家鄉的海鮮》仿寫《石榴》，點明家鄉以及家鄉的主要特點，開門見山用得好。

遊喀納斯（林昊聰）

喀納斯是新疆有名的旅遊勝地，那裏空氣清新甜潤，天空湛藍深遠，河水清澈見底。

遊賀蘭山（竇錦楊）

賀蘭山就坐落於我的故鄉——寧夏，讓我來帶領大家領略一下賀蘭山的奇、險、峻。

錦楊點明了賀蘭山的地理位置和主要特點，開門見山用得好！

一件難忘的事（黃聖濤）

今年暑假，我和小夥伴一起參加特種兵軍事夏令營，10 天的軍營生活讓人難忘。

聖濤的開頭交代時間、地點、人物、事件，完整順暢，還有對事件的整體感受。開門見山，乾脆利落！

一件讓人害怕的事（卞梓涵）

有一年我在日本遊學，聖誕節那天我在學校走丟了。那一刻真是無助、絕望、害怕。

在國外走丟這樣的事，確實讓人害怕。獨特的經歷可以成為很好的寫作素材，讓人期待文章接下來的講述！

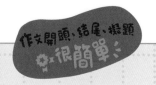
②如何開頭之 細緻描寫法

家鄉的蘋果（邵梓軒）

我的家鄉在山東煙台，這裏種了許多蘋果樹。每年秋天，上面掛滿了紅彤彤的蘋果，從遠處看像一盞盞火紅的燈籠，吸引了大批遊客。

> 梓軒先是介紹了他的家鄉在哪裏，然後點出家鄉的特點是盛產蘋果，接着用到了生動的比喻。梓軒筆下的蘋果不止吸引了遊客，連老師也想去你的家鄉看看呢。

家鄉的辣椒（鄭宇軒）

「更十分，向人辛辣，椒桂搗殘堪吐」，家鄉四川鹽源的辣椒果大、肉厚、色豔紅、味甜辣，我超愛吃。

> 宇軒選材很特別，向大家介紹家鄉的辣椒，想不到！更想不到的是，引用了一句並不常見的詩詞，「高級」感滿滿。老師忍不住想嚐嚐你家鄉的辣椒。

家鄉的大明湖（蘇昶文）

「四面荷花三面柳，一城山色半城湖」是大明湖的真實寫照。
作為山東濟南人，我每年都去大明湖，今年也不例外。

大家的課外積累都很豐富嘛！又來一句詩詞引用，把大明湖的特點精準地展現了出來。

家鄉的花生（曹一宸）

「麻屋子，紅帳子，裏面睡個白胖子」，可愛又好吃的花生，
是我的家鄉——安徽固鎮的一張名片。

引用詩詞還是有點難度的，引用生活中常見的謎語、俗語等就容易多了，一宸的開頭很巧妙。

遊北京長城（靜靜）

放暑假了，外婆、外公帶我去北京爬長城。長城是地球的
眉毛，也是我們中華民族的文化遺產。

靜靜說長城是地球的眉毛，這個比喻絕對是獨一無二的，是專屬於靜靜的文字。積攢下來，繼續努力！

遊都江堰的古城（肖德熠）

拜水都江堰，問道青城山。都江堰因水利工程而出名，今天我們就來遊都江堰的古城吧！

一件令人興奮的事（任毅）

金秋十月，在一個秋雨綿綿的下午，我們的教室裏卻洋溢着莫名的興奮。老師在黑板上寫着甚麼，同學們嘰嘰喳喳議論着。這是我們班主任宣佈要帶我們去學校的爬山虎長廊玩「踩報紙」的遊戲呢！

任毅沒有直接寫出令人興奮的事是甚麼，而是描寫了同學們興奮的場面，吊人胃口。這個吸引人的開頭，棒！

3 如何開頭之 背景介紹法

家鄉的烏篷船（傅尹然）

我住在江南水鄉——紹興，這裏是著名作家魯迅先生的故鄉，也是吳越文化的盛行之地。烏篷船小巧靈活、整潔樸素，因竹篷被漆成黑色而得名。我愛家鄉的烏篷船。

尹然寫的是家鄉的烏篷船，開頭為大家介紹了家鄉紹興的文化底蘊。在這樣的知識背景下，烏篷船也被賦予了文化內涵。

一件獨立完成的事（肖景文）

上了小學以後，我就有一個想法。我想擁有一個屬於自己的小天地 ── 一張自己的小牀。於是媽媽把書房收拾好了給我，第一次獨自睡覺的日子就這樣來到了。

一件獨立完成的事是甚麼呢？ ── 獨自睡覺。緣由呢？原來是上小學的小朋友長大了，想擁有自己的小天地啦。開頭的背景介紹合情合理。

一件讓人害怕的事（歐亞鑫）

六歲那年，我的一顆乳牙未掉，恆牙卻已經長出來了，為了不影響恆牙的生長，不得不去醫院將乳牙拔掉。我當時害怕極了。

一件讓人忐忑的事（周熙媛）

「叮鈴鈴……」媽媽來電話了，她又要加班。我只好自己做烤山芋吃，這可是我第一次自己烤山芋，很忐忑。

遊大唐不夜城（郁沐白）

我最喜愛詩與書法的盛世 —— 唐朝，而古都西安就是我的故鄉。在那裏有一個文化景區，那就是以盛唐文化為背景，以唐風元素為主線的「大唐不夜城」。我帶着一絲敬佩之情，第一次踏入了這場盛世。

遊杜甫草堂（紀汶彤）

杜甫曾寫過：「感時花濺淚，恨別鳥驚心。」我很喜歡杜甫的詩，更喜歡他心懷天下，憂國憂民的精神品質。當我我得知四川成都有杜甫草堂，早已按捺不住心中的喜悅與激動。坐在前往杜甫草堂的車上，我早已是浮想聯翩，心潮澎湃。既興奮，又冷靜；既愉快，又悵惘。還摻雜着喜愛、敬佩的情感。

汶彤對杜甫草堂的背景介紹，從杜甫詩詞及其為人的特點展開，角度巧妙。還寫出了自己遊覽前的複雜心情。仿寫季羨林的作品，棒！

4 如何開頭之 對比強調法

家鄉的燻豆茶（孟楚妍）

有人喜歡喝蘇打水，有人喜歡喝可樂，而我最喜歡喝家鄉的燻豆茶。

「有人……有人……而我……」這一對比強調句式，簡簡單單，清清爽爽。就用這樣的句式表達你的喜愛吧！

家鄉的糯米飯（顏伯瑋）

我的家鄉是浙江溫州，那有許多美食，有鮮美的炎亭魚餅、酥脆可口的燈盞糕、熱氣騰騰的馬站煎包。但我最愛吃溫州糯米飯了！溫州糯米飯是溫州人必不可少的早餐。

家鄉的醉泥螺（魏文希）

我的家鄉在江蘇射陽，那裏有許多美食：射陽大米、醉蟹、醉泥螺……其中，我最愛的是泡在酒裏，身上流着黏液，鹹中帶着一點甜的醉泥螺。

羅列美食，進行對比，真是饞人！伯瑋、文希兩位同學觀察細緻，文字功底也了得，把糯米飯和醉泥螺的特點介紹得很全面。想吃！

一件難忘的事（徐子毅）

我登上過雄偉壯觀的長城，遊玩過如詩如畫的西湖，拜訪過四面環海的舟山……但最讓我難忘的，是第一次夜遊繁華而又古意濃濃的秦淮河！那裏有絢麗的燈光秀，有威武的龍舟，還有美味的食物。

子毅用一串排比，強調自己對夜遊秦淮河的難忘；也用一串排比，寫出了遊覽的重點。登上、遊玩、拜訪是動詞的排比，絢麗、威武、美味是形容詞的排比，真是排比小能手！

遊雁盪山方洞（黃思淼）

我經常聽別人拿我家鄉浙江溫州的雁盪山和安徽的黃山作比較，在我看來彼此各有千秋。兩山都以奇特聞名，如果非要說出區別的話，我感覺雁盪山更是靈奇秀美。說到雁盪山的靈奇，就不能不提方洞景區。

思淼沒有用排比句式來強調，沒有羅列很多對比的對象，只抓住一項——黃山，來和雁盪山作比較。「單打獨鬥」式的對比也很好。

如何開頭之 ⑤ 設置懸念法

家鄉的椰子（孫浩宸）

「海南寶島是它家，不怕風吹和雨打。四季棉衣不離身，肚裏有肉又有茶。」你們猜到這是甚麼了嗎？這就是我家鄉盛產的椰子。椰子全身都是寶，下面我給大家一一介紹。

謎語和小問號特別配，引人好奇和思考。要使用設置懸念法，引用謎語是一招哦。

家鄉的牛肉粉（徐溪蔓）

我的家鄉在湖南常德，那裏有許多的美食，其中一種就是我的最愛，它長溜溜、香噴噴、熱乎乎、麻辣辣，你知道是甚麼嗎？它就是我最愛的牛肉粉。

遊三亞（劉嘉瑞）

藍藍的天空、金黃的沙子鋪成的一條條金黃色的圍巾，包圍着瓦藍瓦藍的大海，這是哪裏，你猜出來了嗎？ —— 它就是三亞，一座美麗的海濱城市。

要設置懸念，還可以先仔細描述特點，再來讓讀者猜。金色沙灘和瓦藍天空，正是三亞的特點。

一件讓人忐忑的事（解婉瀠）

「媽媽，我害怕，在天上飛不會遇到危險嗎？」你猜，讓我這麼忐忑的事是甚麼呢？那是八歲時的我一個人坐飛機去深圳！

通過重現對話來設置懸念，凸顯出事件的特點，也是個好方法。

家鄉的麵（解婉瀠）

清晨，許多人的一天都是從一碗香噴噴的麵開始的，它湯味清香，蘿蔔白嫩，辣椒火熱，香菜翠綠，麵條柔韌。這是甚麼麵呢？這就是中華十大麵條之一 —— 蘭州牛肉麵。

6 如何結尾之 直接總結法

家鄉的石榴（湯宸軒）

家鄉的石榴像玉石般晶瑩剔透，它酸甜可口的味道，它豐富的營養價值，實在是我的最愛！

家鄉的油條（韓靖辰）

家鄉的油條又脆又香，金燦燦的像金條，只要一想到它，我的肚子就「咕咕」叫呢。

 結尾直接總結家鄉美食的特點，再次勾起大家肚裏的饞蟲，為家鄉美食代言的效果很好哦！

一件有趣的事（劉欣欣）

班級聯歡會不僅鍛煉了同學們的才藝，還增進了同學們之間的友誼，真是一次有意義的聯歡會啊！

一件讓我有成就感的事（馬昕澤）

最後，我做出了一個口小、頸細、肚大、底穩的花瓶。再過一個星期，我就可以來上釉燒製成品，好期待見到我的漂亮的小花瓶啊！

結尾直接總結事件的結果、自己的收穫或者感受，讓文章有頭有尾，齊齊整整。

遊文筆山（王昱博）

最後我們走到山頂旁的平台上，站在平台上眺望遠方，出現在眼前的是一望無際的房屋，像蜂巢一樣密密麻麻、方方正正的。這些遠景令人心曠神怡，一天爬山的疲憊一掃而光了。

寫遊覽某個地方，結尾可以寫回家時的心情，也可以總結到達最高處、最自豪時的感受。

7 如何結尾之 強烈抒情法

家鄉的肉燕（孫義濱）

每一碗熱氣騰騰的肉燕，都含着福州人對生活的熱愛。我愛家鄉的肉燕。

家鄉的井水（虞佳瑤）

清清的井水蘊含着村民們的淳樸和溫情，我愛家鄉的井水！

家鄉的士多啤梨（何雨諾）

我一看見家鄉的士多啤梨就想撲上去，把它吃得乾乾淨淨，連一個渣都不剩。

> 雨諾為家鄉的美食 —— 士多啤梨代言。結尾直抒胸臆，對你就是愛，愛，愛不完！恨不得撲上去咬一口，說出了大家的心聲。

遊桂林世外桃源（李詩詩）

「芳草鮮美，落英繽紛」，「有良田、美池、桑竹之屬」。陶淵明筆下的桃花源，在這裏體現得淋漓盡致，世外桃源真是名不虛傳，果真不枉此遊！

「果真不枉此遊！」如果你朗讀的話，這句話一定要大聲喊出來，強烈的抒情用歎號輔助，氣勢足。

一件令人不捨的事（張秦珂）

這是我記憶中第一次搬家，我在這個春有海棠、桑葚，夏有薔薇、毛桃，秋有楓葉、銀杏，冬有蒼松、柿子的屋苑裏生活了六年多，好捨不得離開這裏啊！時間呀，請慢一點，讓我多看看我的屋苑。

老師小時候搬過很多次家，多次充滿不捨之情的回憶，被秦珂的文字勾起。四季有美景、有美食的屋苑，是真的令人捨不得吧。

8 如何結尾之 情理昇華法

家鄉的油菜花（李禹辰）

油菜花積極向上，熱情奔放，它一直在為人們默默奉獻，我愛家鄉的油菜花。

> 禹辰從油菜花的姿態中，提煉出了它積極向上、默默奉獻的品質，愛的表達更有深度了。

遊嶺秀湖公園（韓璐）

我想到這裏，身體不由自主地為之一顫。是啊，人類這樣做，不是害人害己嗎？美麗的嶺秀湖，值得大家去愛護。下次，我一定要再去看看你。

遊西江千戶苗寨（周栩逸）

通過遊千戶苗寨，我真切感受到了苗族人的智慧勤勞和積極樂觀的生活態度，對苗族人有了更多的敬佩之情。

遊平安金融中心（何昊陽）

我就懷着這樣的驕傲之感，依依不捨地離開了深圳平安金融中心，心裏泛起因祖國科技日新月異而帶來的幸福感。

遊八達嶺長城（王哲熙）

返回時，每走一段，我都回頭再看看。蜿蜒的長城盤繞在綠色的山脈之間，讓我有點捨不得離開！古代中國人留給我們的歷史文化遺跡，是宇宙中的奇跡！是我們中國人的驕傲！

遊覽祖國的大好山河，難掩自豪之情。除此之外，長城還會引發關於環保、傳統文化傳承、建築智慧等的多種思考，主題昇華是自然而然的。

一件暖心的事（吳思遠）

我特別感謝這位溫暖的大哥哥借給我雨傘，我以後也要像他那樣，時時想着幫助別人。

遇到暖心的幫助，感謝是正常的心情，而要把這種幫助別人的做法傳播開來，這就是情理的昇華。

如何結尾之
自然意境法

家鄉的「三大炮」（祁耀揚）

「當，當，當」，驚心動魄的三聲響，三個米團落碗中。我吃着甜滋滋、喜氣洋洋、香甜可口的「三大炮」，漫步在家鄉成都的小巷裏。

家鄉的雲（朱祉瑞）

當我緩過神來，碧藍的天空又是那麼平靜，又好像甚麼也沒有發生。只剩下一個圓盤似的太陽灑出的金光和幾朵棉花糖一樣的小白雲。

看了很多寫家鄉美食的開頭、結尾。這篇寫家鄉的雲，很特別。在這個結尾，小作者寫下眼中平靜可愛的雲，讀來讓人心都溫柔起來了。

遊柳侯公園（劉欣玥）

突然，一聲輕快的鳥鳴劃過耳邊，我才從幻想中脫離出來，依依不捨地離開柳候公園。此時此刻，太陽偏西，餘暉穿過樹冠，星星點點的光芒灑在柳宗元雕像的衣擺上，一隻小鳥停在他的肩頭，我彷彿聽到他在輕輕地笑。我也高興地轉過身，帶着一絲絲自豪的意味，大步走出公園。

遊百朋蓮花小鎮（黃晨希）

我懷着愜意和愉悅之感，依依不捨地離開百朋蓮花小鎮。天色漸漸暗了下來，月亮慢慢升了起來。荷田隱入月光中，別有一番「荷塘月色」的韻味！

 在遊記的結尾通過描寫定格畫面，言有盡而意無窮，晨希筆下的美景深深留在了大家的腦海裏。

一件難忘的事（牙若曦）

這一幕，是那麼清晰地刻在我的回憶裏。以至於後來，看到像海一樣的雲層，我都幻想着，下一刻，那些記憶中的海豚，就會從雲層裏浮現，向我微笑，快樂地叫喚着：「噫嗚 —— 噫嗚 —— 」

 若曦的選材很棒。奇妙的看雲體驗，引人幻想，久久難忘。

10 如何結尾之 交流互動法

一件香飄十里的事（歐陽子卿）

怎麼樣？通過我這篇文字，校園美食節的香氣是不是也傳到你們那兒了呢？可別把口水滴到作文紙上！

 寫校園美食節，文章內容已經夠饞人了，結尾還要俏皮地吸引你一下。口水弄濕了作文紙，你賠！

家鄉的冬棗（王美涵）

同學們，冬棗悠久的歷史、豐富的營養，是不是打動了你們？那就快來我的家鄉河北黃驊嚐一嚐吧！

家鄉的葡萄（肖德熠）

一顆顆晶瑩透明的「珍珠」，一堆堆閃爍着翠綠光芒的葡萄串，如果你喜歡它香甜裏透着點苦澀的味道，就歡迎你來四川丹巴品嚐。

家鄉的柳江（劉欣玥）

如今，在改革開放的浪潮中，家鄉的山在變，水在變，變得更新了，更美了。連江澤民都說我們廣西柳州「山清水秀地乾淨」。朋友，請到我們的柳州來，看看詩情畫意的柳江吧！

 不管是寫家鄉的美食還是美景，結尾都可以來句邀約。走走走，一起去賞美景，嚐美食！

遊黃果樹瀑布（田城瑋）

若不是親眼所見，我簡直難以置信，大自然能塑造出這麼壯觀的景色！你也來貴州黃果樹瀑布下，體驗一把這種震撼吧！

 城瑋總結自己的遊玩感受，並向讀者提出邀約。老師心中已充滿對黃果樹瀑布的嚮往，有機會一起去遊玩吧！

11 如何擬題之 明確中心法

閻褘晗同學寫爸爸，緊緊抓住「鬍子」這個特點來寫。題目如果是「我的爸爸」，會顯得太寬泛。可以聚焦到「鬍子」這個特點上，適當添加修飾詞，如「胡子爸爸」、「大胡子爸爸」、「黑胡子爸爸」等，都是不錯的標題。

董涵宇同學寫一次難忘的經歷，主要是寫作文不好寫，需要反反覆覆修改。題目如果是「一次難忘的經歷」就太籠統了，可以聚焦到具體的事件上，點明事件發展過程，如「難寫的作文」、「改來改去的作文」。還可以更進一步，聚焦在到底是甚麼作文難寫，例如用「重寫《跳繩記》」、「寫不好的《跳繩記》」等為題。

12 如 何 擬 題 之 借 用 道 具 法

鄒妤晨同學的作品，題目如果是「一次可怕的經歷」，「可怕」雖給讀者以好奇，但經歷是千差萬別的，這個題目依舊過於籠統。如果用貫穿事件始末的「珠子」為題，會更加具體。題目可以是「可怕的珠子」、「鑽鼻子的珠子」，或者俏皮可愛一點，如「捉迷藏的珠子」。

何昊陽同學寫了一次和弟弟鬧彆扭的經歷：弄壞了弟弟的玩具，弟弟很生氣。如果以寫事文的明確中心法擬題，可以是「他生氣了」或者「弟弟生氣了」。以借用道具法來擬題，可以抓住引起矛盾的物品，放進題目裏，串聯起弟弟生氣的始末，如以「飛機碎片」、「LEGO 飛機碎片」為題。